¿Quién fue
John F. Kennedy?

JOHN·FITZGERALD·KENNEDY·

¿Quién fue
John F. Kennedy?

Yona Zeldis McDonough

Ilustraciones de Jill Weber

VISTA™

A mis hijos, James y Katharine McDonough – Y.Z.M.
Para Charlotte, con amor – J.W.

Título original: *Who Was John F. Kennedy?*
© Del texto: 2005, Yona Zeldis McDonough
© De las ilustraciones: 2005, Jill Weber
© De la ilustración de portada: 2005, Penguin Random House LLC.
Todos los derechos reservados.

Publicado en español con la autorización de Grosset & Dunlap, un sello de Penguin
Young Readers Group, una división de Penguin Random House LLC.
Who HQ™ y todos los logos relacionados son marcas registradas de Penguin Random
House LLC.

© De esta edición:
2019, Vista Higher Learning, Inc.
500 Boylston Street, Suite 620
Boston, MA 02116-3736
www.vistahigherlearning.com
www.loqueleo.com/us

Dirección editorial: Isabel C. Mendoza
Montaje: Claudia Baca
Traducción: Eduardo Noriega

¿Quién fue John F. Kennedy?
ISBN: 978-1-68292-505-8

Published in the United States of America.
2 3 4 5 6 7 8 9 GP 27 25 26 24 23

Índice

¿Quién fue John F. Kennedy?

Una pequeña embarcación avanzaba, velozmente, en la oscuridad de una calurosa noche de agosto. Entre los trece hombres a bordo reinaba una tensa calma. Su misión era aterradora; consistía en ubicar buques de guerra japoneses en el océano Pacífico.

De pronto, ocurrió una explosión.

Un destructor de la Armada japonesa, que regresaba a su base, partió en dos la pequeña embarcación. Dos de sus tripulantes murieron al instante y los otros once se aferraron a fragmentos del bote hasta la mañana siguiente. Entonces, los restos comenzaron a hundirse y el capitán decidió que todos debían nadar hasta una isla cercana para ponerse a salvo. Los hombres no creían que podrían lograrlo. Uno de ellos preguntó: "¿Podremos salir de esto alguna vez?". El capitán respondió: "Es posible. Lo lograremos".

Otro se quemó de tal manera que no podía nadar. Le pidió al capitán que salvara a los demás y a sí mismo. Pero el capitán no iba a abandonar al hombre herido y, durante cinco largas horas, nadó cargando al hombre sobre su espalda. Cuando llegaron a la isla, el capitán avistó a dos nativos y una canoa. También encontró la cáscara de un coco en la cual entalló las siguientes palabras:

NATIVO CONOCE UBICACIÓN

PUEDE PILOTAR 11 SOBREVIVIENTES

NECESITAMOS EMBARCACIÓN

PEQUEÑA KENNEDY

Les entregó la cáscara con el mensaje a los isleños, quienes se trasladaron en canoa hasta otra isla a casi cuarenta millas de distancia. Seis días después de que su lancha patrullera fuera destruida, el valiente y perspicaz capitán y su tripulación fueron rescatados. El nombre del capitán era John Fitzgerald Kennedy.

Capítulo 1
Un niño pequeño en una familia grande

El 29 de mayo de 1917, nació uno de los hijos de Joseph P. Kennedy, un adinerado hombre de negocios de origen irlandés, y su esposa Rose. Lo llamaron John Fitzgerald Kennedy en honor al padre de Rose, John F. Fitzgerald.

JOSEPH P. KENNEDY

ROSE FITZGERALD

"Honey Fitz", como lo apodaban, había sido un político popular y alcalde de Boston. Cuando su hija Rose comenzó a salir con el joven Kennedy, Honey Fitz no estaba muy de acuerdo. Pero la pareja siguió viéndose hasta que, finalmente, el carácter trabajador y ambicioso de Joe persuadió a Honey Fitz.

LA MIGRACIÓN IRLANDESA A ESTADOS UNIDOS

EN LAS DÉCADAS DE 1840 Y 1850, MÁS DE UN MILLÓN DE EMIGRANTES IRLANDESES ZARPARON A ESTADOS UNIDOS. EN IRLANDA, SE HABÍA PERDIDO LA COSECHA DE LA PAPA Y, SIN SU ALIMENTO BÁSICO, AL MENOS UN MILLÓN DE PERSONAS MURIERON DE HAMBRE Y ENFERMEDAD. LOS EMIGRANTES VIAJARON APIÑADOS EN BARCOS SUCIOS, ABARROTADOS DE GENTE. CASI UN VEINTE POR CIENTO DE ELLOS FALLECIERON DURANTE EL TRAYECTO. A LOS QUE LLEGARON, LOS APODARON "LOS IRLANDESES DE LA HAMBRUNA". AL IGUAL QUE MUCHOS OTROS GRUPOS DE INMIGRANTES RECIÉN LLEGADOS, SUFRIERON DISCRIMINACIÓN Y ODIO. SE LES HIZO DIFÍCIL ENCONTRAR VIVIENDA. DONDE SE OFRECÍA EMPLEO ERA COMÚN VER LETREROS QUE DECÍAN "NO SE ACEPTAN SOLICITUDES DE IRLANDESES". EN CONSECUENCIA, SE VIERON OBLIGADOS A TRABAJAR TENDIENDO VÍAS DE TREN, PALEANDO CARBÓN, CAVANDO CANALES Y LIMPIANDO PANTANOS.

Tanto los Kennedy como los Fitzgerald eran descendientes de inmigrantes irlandeses que llegaron a Boston, Massachusetts, para escapar de la horrible hambruna de la papa en la década de 1840. A ambas familias les fue bien en Estados Unidos.

John, a quien apodaban "Jack", era el segundo de los nueve hijos de Rose y Joseph Kennedy. Vivían en una cómoda casa de listones de madera en Brookline, un pueblo ubicado en las afueras de Boston.

LOS OTROS NIÑOS DE LA FAMILIA KENNEDY

EN 1915, NACIÓ JOSEPH PATRICK KENNEDY JR., EL PRIMER HIJO DE JOSEPH Y ROSE KENNEDY. JOHN FITZGERALD, A QUIEN LLAMABAN JACK, NACIÓ EN 1917. ROSEMARY NACIÓ EN 1918, Y KATHLEEN, APODADA "KICK", EN 1920. DESPUÉS VINO EUNICE, EN 1921. PATRICIA NACIÓ EN 1924 Y ROBERT, TAMBIÉN CONOCIDO COMO BOBBY, VINO AL MUNDO EN 1925. JEAN ANN NACIÓ EN 1928. EL NOVENO Y ÚLTIMO HIJO DE LOS KENNEDY FUE EDWARD. LO LLAMABAN TEDDY Y NACIÓ EN 1932.

TEDDY   JEAN   BOBBY   PAT   EUNICE   KATHLEEN   ROSEMARY   JACK   JOE JR.

Cuando Jack cumplió los dos años y medio de edad, le dio escarlatina, una enfermedad mortal y muy contagiosa que obligó a que lo separasen de su madre y de Kathleen, su hermana menor. Jack extrañaba mucho a su mamá y, para que dejase de pensar en ella, su niñera irlandesa, Kico Conby, le contaba cuentos maravillosos sobre duendes y hadas. Por lo general, a Jack le encantaban sus relatos, pero estaba tan enfermo que apenas los podía escuchar. Lo que hacía era abrazarse a su oso de peluche favorito mientras se dormía y se despertaba a cada rato.

Como no mejoraba, sus padres lo llevaron de emergencia a un hospital de Boston. Allí, veía a doctores y enfermeras que entraban y salían constantemente, pero él no conocía a nadie. Pasó semanas hospitalizado, luchando por cada aliento. Sus padres estaban preocupados y rezaban porque su pequeño hijo se recuperase.

Jack sobrevivió, pero siempre fue un niño débil y muy enfermizo. Sufría resfríos, gripes, dolores estomacales, alergias y enfermedades más serias como bronquitis y difteria. Para pasar el tiempo durante los largos y aburridos días en cama, leía muchos libros, uno tras otro. Su favorito era la historia del Rey Arturo y los Caballeros de la Mesa Redonda. Se perdía en su lectura atraído por la nobleza del rey, la valentía de sus hombres y el deseo que tenían de defender la verdad, la honestidad y la justicia. El ejemplar de Jack se desbarató de tanto uso.

Cuando Jack no estaba en cama, trataba de imitar a su hermano mayor, Joe Jr. Joe era más alto, fuerte, listo y rápido, y todo lo hacía mejor que él. ¿Cómo podía competir entonces? Los Kennedy no consentían que hubiese perdedores o llorones en la familia. Como Jack sabía que su padre prefería a los triunfadores, siempre jugaba a ganar para complacerlo, aunque esto lo obligara a ponerse en riesgo.

En una ocasión, su hermano Joe lo retó a una carrera de bicicletas, distinta a cualquier otra. Ambos debían hacer un recorrido circular en direcciones opuestas y, al encontrarse, el primero en desviarse de su trayectoria perdería. Joe estaba seguro de que Jack sería el primero en perder el control; pero Jack estaba decidido y pedaleó cada vez con más fuerza en dirección a su hermano mayor.

Finalmente, los dos muchachos casi llegaron a estar cara a cara pero, en vez de desviarse y sin mostrar temor alguno, Jack chocó de frente contra su hermano. Tuvo que ser trasladado al hospital y allí le cosieron veintiocho puntos. Ganar era tan importante para él que se negó a perder el control ante su hermano.

Daba la impresión de que Jack no lograba complacer a ninguno de sus padres. Rose pasaba mucho tiempo alejada de sus hijos y viajaba mucho a Europa para comprar diseños de última moda. Ella lo regañaba constantemente por lo desaliñado que lucía. Él siempre llevaba la camisa por fuera del pantalón y el cuello levantado. Con frecuencia llegaba tarde a comer, pero la cocinera se compadecía y le servía en la cocina.

Cuando Jack tenía cinco años, Rose organizó un viaje de tres semanas a California con su hermana. Años más tarde, él dijo: "Mi madre nunca estuvo presente cuando la necesité. Nunca me abrazó de verdad".

El padre de Jack era más divertido. En 1929, cuando Jack tenía doce años, Joe Kennedy compró una casa de verano en Hyannis Port, una localidad en Cape

Casa de Joe Kennedy

Casa de John F. Kennedy

RESIDENCIA DE LOS KENNEDY

Cod, Massachusetts. Estaba prácticamente en la playa, de cara al océano Atlántico. Era grande, estaba pintada de blanco y tenía persianas verdes. También

tenía una cancha de tenis y una piscina privadas.

El padre de Jack manejaba la propiedad como si fuese un gran campamento de verano. Bajo la dirección de un entrenador físico, a tiempo completo, los niños de la familia Kennedy tenían que ejercitarse en el jardín todas las mañanas. Hacían carreras de natación en las que, incluso, competían los niños de seis y siete años. Un poco más grandes, aprendieron a navegar a vela.

En el jardín se llevaban a cabo partidos de fútbol americano en los que todos los visitantes tenían que participar. En Hyannis Port y sus alrededores, todo el mundo sabía que los Kennedy siempre jugaban con la intención de ganar.

Gracias a la astucia de Joe para los negocios, la familia Kennedy se hizo cada vez más rica. Para él era importante ganar dinero y trabajó mucho para lograrlo. Después de graduarse en Harvard en 1912, ingresó en la banca. En 1914, a los veinticinco años de edad, se convirtió en uno de los presidentes de banco más jóvenes del país.

También comenzó a invertir en la bolsa; lo hacía bien y estas inversiones le generaron una gran fortuna. Más adelante, comenzó a comprar y vender terrenos, y se fue a Hollywood a incursionar en la

industria cinematográfica. Allí conoció a famosos actores y actrices que protagonizaban películas. También hizo dinero distribuyendo licor. De hecho, muchos afirman que lo vendía ilegalmente. Los años que transcurrieron entre 1920 y 1933 se conocieron como la época de la Ley Seca, la cual prohibía la venta de cerveza, vino y licor fuerte.

A pesar de todo el dinero que tenía, muchas de las familias más antiguas y respetadas de Boston veían a Joe Kennedy con desprecio y consideraban que era tosco y poco refinado. También tenían un prejuicio muy arraigado contra los inmigrantes irlandeses.

LA LEY SECA

EN 1920, ENTRÓ EN EFECTO LA DECIMOCTAVA ENMIENDA: PROHIBÍA O ILEGALIZABA LA PRODUCCIÓN, VENTA Y CONSUMO DE VINO, CERVEZA Y ALCOHOL. ALGUNAS PERSONAS CONSIDERABAN QUE BEBER BEBIDAS ALCOHÓLICAS ERA INMORAL. OTRAS CREÍAN QUE LA LEY SECA LE IBA A PONER FIN A LA MALA INFLUENCIA QUE EL ALCOHOL EJERCÍA EN LA VIDA FAMILIAR. PERO LO QUE HIZO FUE FOMENTAR EL CRIMEN A UNA ESCALA NUNCA ANTES VISTA EN ESTADOS UNIDOS. EL CONTRABANDO DE ALCOHOL SE CONVIRTIÓ EN UN GRAN NEGOCIO, LA GENTE COMENZÓ A FERMENTAR SU PROPIO ALCOHOL DE FORMA CASERA Y LAS ORGANIZACIONES CRIMINALES QUE CONTROLABAN LA MAYOR PARTE DEL COMERCIO ILEGAL DE LICOR PROSPERARON. EN 1933, EL GOBIERNO REVOCÓ LA DECIMOCTAVA ENMIENDA Y EL ALCOHOL VOLVIÓ A SER LEGAL.

A diferencia de las viejas familias de Boston, que eran protestantes, los irlandeses eran católicos y muchos de ellos habían llegado a Estados Unidos sumidos en la pobreza.

Joe trabajó mucho, no solo para enriquecerse sino para sobreponerse a las actitudes negativas que tenía la gente hacia él y su familia. Quería que sus hijos tuvieran lo mejor y que fueran los mejores también. Necesitaba demostrarle a la sofocante y presumida sociedad de Boston cuán buenos podían llegar a ser los irlandeses y los Kennedy, en particular.

Aun así, Joe y Rose querían que sus hijos aprendieran a valorar el dinero. Esperaban que los niños usaran su mesada para comprar los regalos de cumpleaños y de Navidad de la familia. Cuando Jack tenía diez años, le daban cuarenta centavos. En esa época, un helado costaba diez centavos y una revista de historietas, cinco.

Pero Jack se había convertido en *Boy Scout* y ahora necesitaba más dinero. Procedió, entonces, a escribirle una carta a su padre en la que le decía: "Cuando uno es *Scout*, necesita comprar cantimploras, morrales, cobijas… así que solicito un aumento de treinta centavos para poder comprar estos artículos y manejarme con mayor independencia". El razonamiento de Jack convenció a Joe, que guardó la carta y le concedió el aumento.

En el otoño de 1930, Jack fue a Canterbury, en Connecticut, a cursar su educación preuniversitaria. Pero no le fue bien. Con frecuencia se sentía solo y extrañaba su hogar. Padeció una fiebre de 105 grados y una urticaria severa. Durante Semana Santa, el doctor de la familia decidió extraerle el apéndice; no se recuperó bien de la operación y nunca regresó a Canterbury.

En el otoño siguiente,
Jack ingresó en Choate, un
internado en Connec-
ticut donde estudiaba
su hermano Joe. Jack
no era ni un estudiante
destacado ni tampoco un
atleta. Le encantaba leer sobre his-
toria y escribir. Era el único muchacho en su escuela
que estaba suscrito a *The New York Times* y era un
genio contestando preguntas de trivia. Había un
programa radial semanal muy popular que se llamaba *Information, Please* (Información, por favor).

Era de concursos y los participantes tenían que contestar preguntas sobre una amplia variedad de temas. Jack era tan bueno como los adultos que competían en el programa, lo cual impresionaba a sus amigos del colegio. Gracias a la lectura, había aprendido una gran cantidad de cosas.

Aun así, para Jack nunca fue fácil tener un hermano mayor como Joe. Ya de adulto, dijo que Joe era la estrella de la familia y que hacía todo mejor que los demás. Esto lo frustraba y, además, no le gus- taba que los comparasen.

No había manera de que Jack pudiera compe- tir con él y ganarle. De hecho, daba la impresión de que trataba de ser lo contrario a su hermano. Joe se tomaba los estudios en serio, mientras que Jack no prestaba atención a sus deberes escolares. Joe era cuidadoso y precavido, y Jack era obstinado e imprudente. En el internado, Jack ayudó a fundar el "Club de los compinches". Sus miembros se dedicaban a gastar bromas y hacer chistes pesados, a divertirse simplemente. A Jack le gustaba pasarla bien.

Quizás, Joe fue el niño modelo que impresionaba a sus padres, hermanos y hermanas con sus notas y aptitudes atléticas. Pero a los hermanos más pequeños les encantaba el excelente  ánimo y la alegría de vivir de Jack. Admiraban a Joe, pero adoraban a Jack. La hermana favorita de Jack era Kathleen, a quienes todos llamaban "Kick". Era inteligente, divertida, un poco alborotada y compartía el mismo sentido del humor picaresco de Jack. A pesar de que a veces se sentía perdido en una familia tan grande, Jack quería profundamente a sus hermanas y hermanos. Entre ellos se forjó un fuerte vínculo que perduró por el resto de sus vidas.

Capítulo 2
La vida universitaria

Después de graduarse en Choate, Jack decidió no ingresar a la Universidad de Harvard, que es donde su padre se había graduado y su hermano estudiaba. Como quería hacer las cosas a su manera, en vez de seguir los grandes pasos de Joe, escogió la Universidad de Princeton. Pero Jack no era feliz allí

y, al poco tiempo, se trasladó a Harvard. A pesar de que sus notas eran promedio, soñaba con la gloria.

Jack quería ser un deportista estelar. Probó entrar al equipo de fútbol americano, pero durante un entrenamiento se lesionó la espalda tan severamente que tuvo que dejar ese deporte.

Entonces comenzó a nadar, puesto que era divertido y le ayudaba a fortalecer la espalda. Ingresó al equipo de natación y no faltaba a ninguno de los entrenamientos, incluso cuando estaba enfermo.

HARVARD

En una ocasión, se escapó de una enfermería donde le atendían una fiebre alta para acudir a una de las prácticas. No sabía entonces que su fortaleza como nadador lo ayudaría un día a salvar la vida de un hombre.

A pesar de que sus notas eran promedio, sus escritos e ideas impresionaban a sus profesores universitarios.

Su familia comenzó a verlo desde una perspectiva diferente: quizás podría convertirse en periodista o escritor.

Su personalidad le permitió destacarse en Harvard. Les parecía encantador y cómico tanto a los muchachos como a las muchachas, y lo invitaron a formar parte de uno de los clubes selectos de Harvard al cual a Joe nunca le ofrecieron membresía. Sin embargo, por debajo de su apariencia risueña, Jack padecía frecuentemente de dolores intensos. Pero como le habían enseñado de niño a no quejarse ni llorar, rara vez le comunicaba a alguien cuánto sufría.

En 1937, mientras Jack estudiaba en Harvard, su padre fue nombrado embajador en Gran Bretaña, por lo que la familia se mudó a Londres. Jack iba de visita en vacaciones y estos viajes le despertaron una fascinación por la política europea. Vio a los alemanes prepararse para la guerra mientras las demás naciones observaban con preocupación.

HITLER Y LA SEGUNDA GUERRA MUNDIAL

EN 1933, ADOLFO HITLER ACCEDIÓ AL PODER EN ALEMANIA. ERA MIEMBRO DEL PARTIDO NAZI Y RECURRÍA A LA VIOLENCIA Y A LA FUERZA PARA ALCANZAR SUS METAS. HITLER SOÑABA CON CONQUISTAR EL MUNDO ENTERO. INICIÓ LA SEGUNDA GUERRA MUNDIAL CUANDO INVADIÓ POLONIA EN 1939. OBTUVO UNA VICTORIA FÁCIL PORQUE LOS POLACOS OFRECIERON POCA RESISTENCIA. INSPIRADO EN ESTE TRIUNFO, INVADIÓ DINAMARCA, NORUEGA, FRANCIA, BÉLGICA, HOLANDA, LA UNIÓN SOVIÉTICA, LUXEMBURGO, GRECIA Y YUGOSLAVIA. TRATÓ DE INVADIR INGLATERRA, PERO LOS INGLESES RESISTIERON. FINALMENTE, PAÍSES COMO FRANCIA, ESTADOS UNIDOS, CANADÁ Y LA UNIÓN SOVIÉTICA UNIERON SUS FUERZAS CONTRA HITLER Y LO DERROTARON EN 1945.

HITLER

En vez de regresar a la universidad, Jack se tomó un descanso y pasó el semestre de la primavera de 1939 en Europa. Visitó muchos países y tomó notas de lo que vio, leyó y escuchó. Estos viajes lo ayudaron a volverse más receptivo y generoso.

En septiembre de 1939, Alemania invadió Polonia y comenzó la Segunda Guerra Mundial. Jack regresó a Harvard, pero su estadía en Europa lo había cambiado. Se convirtió en un alumno responsable y comenzó a estudiar como nunca antes lo había hecho. Escribió un ensayo muy largo acerca de las razones por las cuales Inglaterra no estaba preparada para esa espantosa guerra. Cuando terminó el escrito, se lo envió a su padre junto con una carta en la que le decía: "…Equivale a más trabajo que el que he hecho en toda mi vida".

Joseph Kennedy quedó muy impresionado con el artículo. Lo consideraba tan bueno que contactó a una casa editorial, la cual compartió su apreciación luego de leer el material. En julio de 1940, el libro de Jack, *Why England Slept* (¿Por qué Inglaterra se durmió?), se convirtió en un éxito de ventas. Jack, quien recién se había graduado, era considerado ahora un experto en asuntos internacionales.

La guerra ya había comenzado. Al mando de Benito Mussolini y el emperador Hirohito, respectivamente, Italia y Japón se aliaron a Alemania. Inicialmente, Francia y Gran Bretaña observaron y esperaron, pensando que podrían mantener la paz con Alemania en vez de pelear. Esta estrategia no funcionó y ambas naciones le declararon la guerra a Alemania.

Entonces, el 7 de diciembre de 1941, Japón atacó la base militar estadounidense de Pearl Harbor, en Hawái, dejando un saldo aproximado de 2,400 muertos y 1,100 heridos. Estados Unidos le declaró la guerra a Japón y, por consiguiente, le tocó pelear también contra Alemania, ya que ambas naciones se habían aliado. Para los muchachos y los hombres jóvenes del país, la larga y dura batalla apenas había comenzado.

MUSSOLINI

PEARL HARBOR

AUNQUE LA SEGUNDA GUERRA MUNDIAL TRANSCURRÍA EN EUROPA DESDE 1939, ESTADOS UNIDOS NO SE HABÍA INVOLUCRADO ACTIVAMENTE. ESTO CAMBIÓ LA MAÑANA DEL 7 DE DICIEMBRE DE 1941, CUANDO UNA PRIMERA OLEADA DE BOMBARDEROS JAPONESES ATACÓ, SORPRESIVAMENTE, LA BASE NAVAL ESTADOUNIDENSE DE PEARL HARBOR, EN HAWÁI.

EN APENAS DOS HORAS, LOS AVIONES HUNDIERON O DESTRUYERON MUCHOS BUQUES DE GUERRA Y AERONAVES ESTADOUNIDENSES. MURIERON MÁS DE DOS MIL MARINEROS Y SOLDADOS. LOS JAPONESES PELEABAN EN EL BANDO DE LOS ALEMANES. EL 11 DE DICIEMBRE DE 1941, ESTADOS UNIDOS LE DECLARÓ LA GUERRA A JAPÓN, ITALIA Y ALEMANIA.

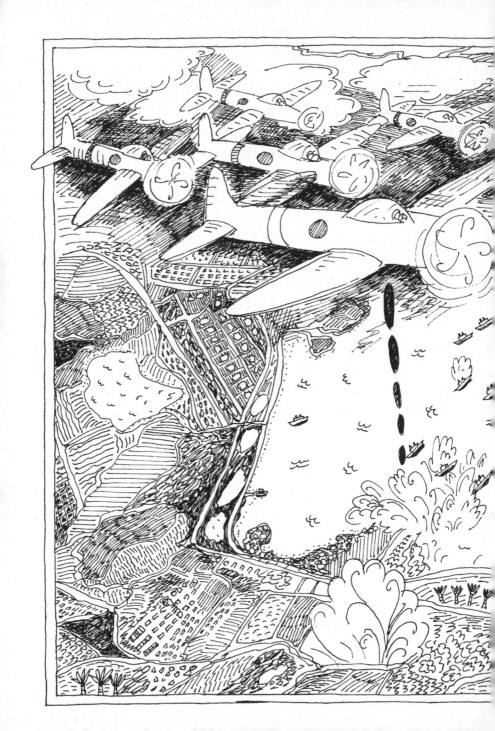

Capítulo 3
Un héroe de guerra

Tanto Jack como Joe Jr. querían combatir en la Segunda Guerra Mundial. A Joe lo aceptaron inmediatamente como cadete de aviación naval. Jack tuvo que esperar porque, debido a su precaria salud y la lesión crónica en su espalda, no pasó el examen físico. Pero estaba decidido a alistarse y, finalmente, fue aceptado en la Armada de Estados Unidos.

En la primavera de 1943, le asignaron al teniente John F. Kennedy el mando de la lancha patrullera *PT-109* en el océano Pacífico. PT significa patrullera torpedera. Las PT eran lanchas livianas y veloces, hechas de madera contrachapada, que solo medían ocho pies de largo.

PT 109

Muchos pensaban que eran ideales para las misiones nocturnas destinadas a detener los destructores japoneses. Pero otros no estaban de acuerdo porque consideraban que, al ser tan pequeñas y frágiles, corrían peligro. Algunos dijeron que cobraron más vidas que las que salvaron.

Después de pasar cinco meses en el Pacífico buscando buques enemigos, un destructor japonés partió en dos la lancha *PT-109*. Cuando Kennedy

se dio cuenta de que los restos del barco se hundían, les ordenó a sus hombres nadar hasta la isla Plum Pudding, que se encontraba a tres millas de distancia. Jack se negó a abandonar a Patrick McMahon, quien sufría de quemaduras severas. Lo cargó, espalda contra espalda, y nadó sujetando entre sus dientes la larga correa del chaleco salvavidas de Patrick. Cuando finalmente alcanzaron la orilla, la

punta de la correa tenía marcados los dientes de
Jack. Había tragado tanta agua salada durante el
trayecto que vomitó y se desplomó. Después, con
la ayuda de dos isleños y la cáscara de coco que
entalló, consiguió auxilio para sus hombres. Otras
lanchas PT acudieron a rescatarlos y, el 8 de agosto,
regresaron a su base.

Jack regresó a casa, agradecido de haber sobre-
vivido. Durante su paso por la Armada, su espalda

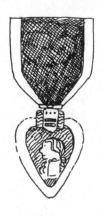

empeoró. También contrajo malaria, una enfermedad grave que causa fiebre, escalofríos, sudoración y vómitos. Necesitaba descansar y recuperarse. Se había convertido en un héroe y, en 1944, la Armada estadounidense le otorgó medallas en reconocimiento de su valentía. A pesar de ello, mantuvo su modestia. Tiempo después, un estudiante de secundaria le preguntó qué hizo para convertirse en héroe. Jack le contestó: "Fue totalmente accidental; habían hundido mi lancha".

En agosto de 1944, al poco tiempo de que Jack regresara a salvo, la felicidad de la familia Kennedy se hizo añicos. Joe Jr. murió al estrellarse su avión durante una peligrosa misión bélica. Esta fue la primera de una serie de tragedias que le ocurrieron a la familia. A pesar de que Jack y Joe habían rivalizado, eran hermanos y compartían un fuerte vínculo. Ambos sabían lo que era ser hijo de Joe Kennedy. Pero ahora, Joe Jr. se había ido para siempre.

Después de la muerte de Joe Jr., Joseph Kennedy cifró sus esperanzas en Jack. Joe había querido que su primogénito fuese el primer presidente católico en la historia de Estados Unidos. Pero ahora que Joe Jr. había fallecido, le tocaba el turno a Jack.

Su padre había dejado muy en claro que quería que Jack se postulase a un cargo público. Jack lo sabía, pero ¿deseaba hacer carrera política? Para obtener la respuesta, tendría que someterse a un profundo examen de conciencia.

Capítulo 4
En campaña electoral

Jack quería ser profesor o escritor. Sin embargo, la presión de su padre, la muerte de Joe y su propia experiencia en la guerra lo transformaron. En 1946, un año después del fallecimiento de su hermano, Jack decidió postularse para el Congreso en Boston, por el Partido Demócrata. Pero la palabra *decidió* quizás no describe, exactamente, lo que sucedió. Jack reveló lo siguiente: "Fue como si me hubiesen reclutado. Mi padre quería que su hijo mayor incursionara en la política. *Quería* no es la palabra correcta. Lo exigió. Ustedes saben cómo es él".

Jack aspiraba a ser congresista del Undécimo Distrito de Boston. Era el mismo escaño que una vez ocupó su abuelo, Honey Fitz. Pero Jack tenía que derrotar primero a otros diez candidatos que también querían la nominación demócrata.

Cuando Jack ganó las primarias, Honey Fitz celebró la victoria bailando una giga sobre una mesa y cantando su canción favorita, "Sweet Adeline".

Jack se mudó a un pequeño apartamento en Boston, ubicado en el número 122 de la calle Bowdoin. Esta fue su dirección electoral por el resto de su vida. Ahora le tocaba conocer a la población del Undécimo Distrito de Boston. Era un vecindario compuesto de hombres y mujeres de la clase trabajadora que pasaban largas horas desempeñando cargos y oficios poco remunerados.

Al principio, nadie pensó que Jack podría ganar. No tenía la apariencia de un político innato y se le hacía difícil pronunciar discursos. Tartamudeaba y

hacía pausas pero, gradualmente, fue encontrando las palabras adecuadas para llegarles a los votantes.

Jack pasó mucho tiempo en astilleros, muelles, barberías, tiendas de alimentos y estaciones de bomberos y de policía. Escuchó las historias y quejas de los hombres y mujeres trabajadores. Algunos pensaban que John F. Kennedy era demasiado adinerado como para representarlos. ¿Cómo podía entender sus necesidades si estaba acostumbrado a colegios privados y casas lujosas? A esto, él respondió: "Como hijo de un hombre rico, tengo la obligación de ayudar a las personas que atraviesan dificultades".

En una ocasión, Jack se dirigió a un grupo de Madres de la Estrella Dorada, mujeres que habían perdido hijos en la Segunda Guerra Mundial. Les habló de los sacrificios que hizo la gente en tiempos de guerra, de la necesidad de que se mantenga la paz y de la responsabilidad que tienen aquellos que sobrevivieron. Culminó diciendo: "Creo entender el sentimiento de todas ustedes, como madres. Verán, la mía también es una Madre de la Estrella Dorada". Las madres que escucharon su discurso se conmovieron y, al finalizar, se le acercaron. Algunas le hicieron saber cuánto les recordaba a sus propios hijos.

El lema de campaña que Jack escogió fue: "La nueva generación nos ofrece líderes". Les prometió a los votantes empleo, viviendas asequibles, atención médica y beneficios para los veteranos. Estas promesas no diferían mucho de las que hicieron sus oponentes, pero Jack tenía el apellido Kennedy y las conexiones de su familia. Además, era un héroe de guerra. En 1944, la revista *The New Yorker* publicó un artículo del reconocido escritor John

LA NUEVA GENERACIÓN ☆
OFRECE LÍDERES

John F. Kennedy para el CONGRESO

Hersey sobre Jack y la *PT-109*. Joe Kennedy logró
que el mismo artículo apareciese en *Selecciones del
Reader's Digest*, una publicación que mucha más

gente leía. Ahora, el nombre de Jack era reconocido. Con el tiempo, lamentó haber utilizado sus experiencias en la guerra para promocionar su campaña. "No es correcto sacarle provecho a una lancha PT hundida con el propósito de obtener un escaño en el Congreso", dijo.

La numerosa familia de Jack se incorporó a su campaña. Sus hermanas Jean, Eunice y Pat tocaron los timbres de casa en casa y repartieron volantes. Su madre organizó fiestas para tomar el té y recepciones. Hasta Teddy hizo diligencias para su hermano mayor. Tenía catorce años de edad y era el menor de los Kennedy. Los esfuerzos de Jack y su familia se vieron recompensados cuando ganó las elecciones. En enero de 1947, Jack partió a Washington D. C., la capital del país, para servir en la Cámara de Representantes.

EL CONGRESO

EN ESTADOS UNIDOS, LA CÁMARA DE REPRESENTANTES Y EL SENADO CONFORMAN EL CONGRESO. ESTE CONSTITUYE LA RAMA LEGISLATIVA DEL GOBIERNO FEDERAL. MIENTRAS MÁS PERSONAS VIVAN EN UN ESTADO, MÁS REPRESENTANTES PODRÁ ESTE ENVIAR AL CONGRESO. LOS CONGRESISTAS SE ENCARGAN DE ELABORAR LAS LEYES Y, PARA ELLO, SE SUBDIVIDEN EN COMISIONES QUE TRATAN ASUNTOS DIFERENTES COMO LOS IMPUESTOS O EL GASTO PÚBLICO.

EL SENADO ESTÁ COMPUESTO POR CIEN SENADORES, DOS POR CADA UNO DE LOS CINCUENTA ESTADOS. GENERALMENTE, CADA SENADOR SIRVE EN CUATRO DE LAS DIECISÉIS COMISIONES PERMANENTES DEL SENADO.

PARA QUE UN PROYECTO DE LEY SE PROMULGUE Y SE LE HAGA LLEGAR AL PRESIDENTE, PRIMERO TIENE QUE HABER SIDO APROBADO POR AMBAS CÁMARAS DEL CONGRESO. EL PRESIDENTE PUEDE RATIFICARLO O VETARLO (NEGARSE A FIRMARLO), EN CUYO CASO TODAVÍA PODRÍA SER APROBADO CON EL VOTO DE LAS DOS TERCERAS PARTES DE LA CÁMARA DE REPRESENTANTES Y DEL SENADO. ESTO SE CONOCE COMO ANULAR EL VETO.

El congresista Kennedy tenía veintinueve años de edad y, aunque parecía un adolescente, exhibía la seriedad de un hombre mucho mayor. Alzó su voz con frecuencia, hizo muchas preguntas y no tuvo miedo de decir lo que pensaba. Auspició un proyecto de ley de vivienda que ayudaría a los veteranos y a los trabajadores de bajos ingresos. Sin embargo, la Legión Estadounidense, una poderosa organización que atendía a personas que sirvieron en las fuerzas armadas del país, se oponía a su aprobación. La legión estaba a favor de la industria de bienes raíces, la cual rechazaba la idea de que el gobierno ofreciera ayuda en materia de vivienda.

El año siguiente, Jack introdujo un proyecto de ley que le otorgaría dinero al gobierno para acabar con los barrios pobres y proveer viviendas dignas de bajo alquiler. Una vez más, la legión luchó contra la propuesta. Pero esta vez el congresista Kennedy se pronunció: "El liderazgo de la Legión Estadounidense no ha tenido un solo pensamiento constructivo en favor del país desde 1918" (año de su fundación).

A pesar de que seguía padeciendo de fuertes dolores de espalda, su energía, inteligencia e impulso le hicieron ganar dos períodos más en la Cámara. Otro golpe duro que recibió fue la muerte de su hermana Kathleen ("Kick") en un accidente aéreo. Ellos eran muy unidos y buenos amigos, además de hermanos. Jack la extrañaría por el resto de su vida.

Jack se sumergió en su trabajo. Sus sueños políticos crecían en la medida en que adquiría más experiencia. A pesar de que entró en la política con cierta reticencia, quería ayudar a resolver los problemas del país y del mundo. Por ser hijo de Joseph P. Kennedy, no necesitaba trabajar pero, aun así, llevaba encendido en su alma el deseo de ayudar a los demás. "Si vamos a cambiar las cosas en la forma en que se deben cambiar, todos tendremos que hacer cosas que no vamos a querer hacer", dijo.

Después de cinco años como congresista, Jack estaba listo para su próximo paso en la política: el Senado. Jack comentó: "En la Cámara, solo éramos gusanos; nadie nos prestaba mucha atención a nivel nacional". Estaba frustrado por la lentitud de los procesos en la Cámara de Representantes. Promulgar leyes nuevas tomaba mucho tiempo.

Durante su campaña para el Senado, Jack viajó a través de todo su estado natal para conocer a los votantes. Algunas veces, el dolor de espalda era tan fuerte que lo obligaba a usar muletas.

El oponente republicano de Jack era el senador en ejercicio Henry Cabot Lodge Jr. Provenía de otra importante familia de Massachusetts y su abuelo también había sido político.

HENRY CABOT LODGE, JR.

En 1944, renunció a su escaño en el Senado para combatir en la Segunda Guerra Mundial. Fue distinguido con la Estrella de Bronce por su valentía. Vencer a Lodge iba a ser difícil pero, al respecto, Joseph Sr. le dijo a Jack: "Cuando le ganes, habrás derrotado al mejor. ¿Cómo se puede desear algo menos que eso?".

Una vez más, todos los Kennedy unieron sus fuerzas para ayudar a Jack a ganar las elecciones. El candidato le pidió a Robert, su hermano menor, a quien llamaban Bobby, que fuese su jefe de campaña. Rose pronunció discursos en iglesias y grupos cívicos, y apareció junto con sus hijas en *Tomando café con los Kennedy*, un programa de televisión que se transmitió dos veces durante la campaña, y al que los televidentes podían llamar para hacer preguntas sobre la infancia de Jack. Nuevamente, todo el esfuerzo y la determinación pagaron dividendos: Jack fue elegido con el 51.5% de los votos. Cuando fue juramentado senador, solo tenía treinta y cinco años de edad.

Como senador, Jack representó los intereses y necesidades de toda la población de Massachusetts. Comenzó a dedicarse a asuntos relacionados con

la educación, el empleo y la política exterior. Contrató a Theodore Sorensen, un joven de veinticuatro años, para que redactase sus discursos. Sorensen era conocido por sus opiniones liberales y muchos biógrafos creen que influenció en la manera de pensar de Jack.

Jack trabajaba tanto que no tenía tiempo para pensar en tener una esposa o familia. En una cena

en 1951, le presentaron a una encantadora joven de nombre Jacqueline Lee Bouvier. La llamaban

"Jackie", era refinada y de naturaleza sensible, y también provenía de una familia adinerada. Jack confesó años después: "Me incliné hacia ella, por encima de los espárragos, y la invité a salir". Jackie rechazó su ofrecimiento y se fue a Europa, pero mantuvieron contacto.

Comenzaron a verse en 1952. Jackie trabajaba como fotógrafa del *Washington Times-Herald* y, cuando este periódico la transfirió a Inglaterra, Jack hizo una llamada internacional para pedirle matrimonio. Ella aceptó.

El 12 de septiembre de 1953, la pareja se casó en una iglesia católica de Newport, en Rhode Island. Setecientos invitados presenciaron la ceremonia y seiscientos más acudieron a la

recepción que se celebró a continuación. Miles de
personas se aglomeraron a las puertas de la iglesia

con la esperanza de lograr ver al popular senador y la linda novia.

Jackie fue una buena influencia para su esposo. Dejó su trabajo para dedicar su tiempo y energía a ayudarlo. Cuando vivía solo, Jack frecuentemente se saltaba las comidas o no dormía lo suficiente, pero Jackie se aseguró de que se alimentase, descansase y se cuidase bien. También le infundió su pasión por el arte, la literatura y la cultura. Después de que él enfermó de gravedad y requirió una operación de espalda, ella estuvo allí para cuidarlo hasta que recobró la salud.

Mientras se recuperaba, Jack tuvo tiempo para reflexionar acerca de las difíciles decisiones que a los políticos les toca tomar. Comenzó a escribir notas sobre el conflicto que afrontan los líderes cuando tienen que decidir entre hacer lo correcto o mantener sus trabajos. Estos apuntes se convirtieron en un libro que tituló

Perfiles de coraje

Momentos decisivos en la vida de estadounidenses famosos

Senador John F. Kennedy

Perfiles de coraje, un compendio de ocho biografías cortas de senadores que demostraron una valentía inusual al apoyar causas que no eran populares. Por mantenerse fieles a sus creencias, líderes como Daniel Webster, John Quincy Adams, Sam Houston y Robert A. Taft arriesgaron sus carreras. Fueron una inspiración para Jack. El libro ganó el Premio Pulitzer de biografía.

La experiencia de escribir este libro hizo que Jack reflexionase más sobre su idealismo y sus metas. Entonces, decidió aspirar al cargo más alto de elección popular en el país. Los bisabuelos de John F. Kennedy habían llegado a Estados Unidos sin un centavo y, ahora, él deseaba convertirse en presidente del país.

Capítulo 5
Señor Presidente

Ya totalmente recuperado, Jack comenzó a hacer campaña formalmente. Ahora tenía cuarenta y dos años, pero mucha gente pensaba que no tenía la edad suficiente para ser presidente. El que estaba en ejercicio, Dwight D. Eisenhower, tenía sesenta y dos años cuando fue electo por primera vez y, al compararlos, Jack se veía demasiado joven. Incluso, Eisenhower se refería a él como "ese muchacho". La gente estaba acostumbrada a que un hombre mayor liderara el país.

Además, Jack era católico romano y el país nunca había elegido un presidente de esa religión. El Papa encabeza la Iglesia católica y guía a sus fieles en muchos temas. A mucha gente en Estados

DWIGHT EISENHOWER

Unidos le preocupaba que el Papa fuese a ejercer influencia en un presidente católico. Jack pidió a la población que dejara sus temores a un lado; dijo que su religión era un asunto personal y no interferiría en sus funciones como presidente. Durante una alocución a un grupo de líderes protestantes, dijo: "Creo que en Estados Unidos debe haber una división absoluta entre la Iglesia y el Estado... Soy

el candidato del Partido Demócrata a la presidencia

y, a su vez, soy católico. En relación a los asuntos

públicos, no hablo en nombre de la Iglesia ni la Iglesia habla por mí".

En la Convención Demó-
crata de 1960, celebrada en
Los Ángeles, California, había
otro candidato a la presidencia. Lyndon Johnson era un
poderoso senador de Texas que
había servido en el Congreso
durante veintitrés años. Era el líder de la mayoría
en el Senado y sostenía que John Kennedy era joven
e inexperto.

Pero a pesar de su juventud, Jack ganó la nominación, y eligió a Lyndon Johnson para postularse
con él en la papeleta presidencial.

La propuesta hizo pensar a Johnson. Sabía que
recibiría mucha atención a nivel nacional y que le
tocaría asumir la presidencia si algo le pasaba a Jack.
Finalmente, aceptó.

John Kennedy dio un discurso televisado en el
que aceptó la nominación demócrata. Enunció los
temas de su campaña al expresar: "Hoy nos encon-
tramos al borde de una Nueva Frontera... Más allá

de esa frontera hay áreas de la ciencia y el espacio que no conocemos, problemas de paz y guerra que aún no hemos resuelto, focos de ignorancia y prejuicio que aún no hemos superado y preguntas sobre la pobreza y la abundancia que aún no hemos contestado". Él deseaba que los estadounidenses fuesen los "pioneros en esa Nueva Frontera". El discurso fue excelente. Al subrayar la promesa de un futuro brillante mientras hacía referencia al pasado de los pioneros, Jack se conectó con los sueños y las esperanzas tácitos de toda la población.

Kennedy compitió contra el republicano Richard Nixon, quien había sido vicepresidente durante el gobierno de Dwight D. Eisenhower. Nixon les dijo a los votantes que la experiencia que había acumulado en esos años hacía de él un mejor candidato. Quería que el gobierno ayudase a la empresa privada. En contraposición, Jack Kennedy pensaba que el gobierno debía contribuir a mejorar el nivel de vida de la gente.

Jack Kennedy y Richard Nixon sostuvieron un debate que fue el primero en la historia que se transmitió por televisión a todo el país. Previo a la década de 1950, la mayoría de la gente solo tenía radios en sus hogares. Esta vez, millones de estadounidenses pudieron ver a los dos candidatos debatir los  temas. Bajo los focos de luz directa, Richard Nixon lucía nervioso e incómodo. Por el contrario, Jack se veía relajado, apuesto y refinado. Después de

NUEVA YORK   LOS ÁNGELES

que terminaron los debates, la mayoría de la gente opinó que Jack era el candidato que les causaba mejor impresión. De hecho, una encuesta hecha a cuatro millones de televidentes que vieron los debates reveló que tres millones de ellos votaron por Kennedy.

La contienda fue una de las más reñidas en la historia. El 8 de noviembre, día de las elecciones, Jack y Jackie Kennedy votaron en Boston. Luego se fueron a esperar los resultados en Hyannis Port, donde la familia

todavía tenía su casa de verano, grande y de color blanco. Todos los Kennedy estuvieron despiertos hasta tarde, pero se fueron a dormir sin saber quién había ganado. Los resultados se dieron a conocer alrededor de las dos de la mañana del 9 de noviembre.

A los cuarenta y tres años, John F. Kennedy se convirtió en el hombre más joven y en el primer católico en ser elegido presidente de Estados Unidos.

Jack estaba contrariado porque su victoria había sido muy estrecha. Ganó con el 49.7 por ciento de los votos mientras que Nixon obtuvo el 49.6 por ciento. Por esta razón, ahora estaba más

TOMA DE POSESIÓN

decidido que nunca a demostrar que sería un gran gobernante.

John F. Kennedy prestó juramento como presidente en un día de enero en el que hacía un frío inclemente. A pesar de ello, apareció sin sombrero y sin abrigo de invierno para proyectar una imagen de fortaleza y juventud. A su lado estaba Jackie, quien recién acababa de dar a luz a John Fitzgerald Kennedy Jr., el segundo hijo y primer varón de la pareja. Allí también estaba el clan Kennedy, incluyendo al padre de Jack, quien se sentía orgulloso de los logros de su hijo. Debido a que muchos de sus puntos de vista no eran populares, Joseph Kennedy se había mantenido detrás de bastidores para no ahuyentar a los votantes.

El discurso del presidente Kennedy se hizo famoso por la siguiente frase: "Por lo tanto, compatriotas, no se pregunten lo que el país puede hacer por ustedes sino lo que ustedes pueden hacer por el país".

Cuando los Kennedy se mudaron a la Casa Blanca, el país los recibió con los brazos abiertos. El nuevo presidente se rodeó de personas consideradas como "las mejores y las más brillantes" y las nombró sus consejeros. Su esposa era inteligente, encantadora, bella y una mecenas de las artes.

Era la primera vez, desde la presidencia de Theodore Roosevelt hacía sesenta años, que niños pequeños habitaban la Casa Blanca. Caroline Kennedy tenía tres años y su hermanito, John-John, aún no había cumplido un año. A Jackie no le gustaba que

sus hijos hablasen con los reporteros o que fuesen fotografiados; quería que tuviesen una infancia lo más normal posible. Pero a Jack le gustaba cuando sus hijos aparecían en cámara. El Presidente jugaba con John-John en el Despacho Oval, y a Caroline también le encantaba pasar tiempo allí. Ambos se escondían debajo del escritorio de su padre y agarraban caramelos del escritorio de la secretaria. En una ocasión en la que se celebraba una conferencia de prensa, Caroline entró usando unos zapatos de tacón alto de su mamá.

Los Kennedy trajeron animales a la Casa Blanca. Tenían conejos, conejillos de Indias y dos hámsteres que se escaparon de sus jaulas. La mascota favorita de Jack era un perro que se llamaba Charlie. Caroline también tenía una mascota; era un poni llamado Macaroni, y ella lo montaba en el jardín de la Casa Blanca bajo la mirada de su padre.

Kennedy era muy bueno relatando historias. Contaba cuentos donde Caroline ganaba carreras de caballos y John-John hundía un destructor japonés desde su lancha PT. Kennedy también creó un personaje, llamado la Ballena Blanca, al que le gustaba comer calcetines sucios.

Jackie aportó su estilo y visión particulares a la Casa Blanca. Como primera dama, la redecoró con pinturas y muebles estadounidenses antiguos. Quería que la casa reflejara la historia del país y fuese un lugar acorde a los importantes hombres y mujeres que la visitaban.

El matrimonio Kennedy ofreció cenas a las cuales invitaron a personas de todos los ámbitos de la sociedad. Las fiestas eran divertidas y glamorosas. Jacqueline Kennedy transformó la Casa Blanca en un recinto de cultura y arte, en toda la palabra. Invitó al violonchelista Pablo Casals, al aviador Charles Lindbergh y a los compositores Leonard Bernstein e Irving Berlin. En otra cena, reunió a estadounidenses ganadores del Premio Nobel. Durante su presidencia, JFK apoyó el arte y, gracias a su esfuerzo, se creó el Fondo Nacional para las Artes con el propósito de subsidiar y estimular a artistas de todas las disciplinas: actores, bailarines, músicos, arquitectos, etc.

Jackie se sentía igual de cómoda como anfitriona de un recital de poesía, de una cena formal, de una función de ballet o de una fiesta a bordo del yate presidencial.

Cuando los Kennedy visitaron Francia, la primera dama causó sensación en el presidente Charles de Gaulle y entre todos los franceses. Jack bromeaba diciendo que él "sería recordado como el hombre que acompañó a Jacqueline Kennedy a París".

Jack disfrutaba de ser presidente. En un día normal, se levantaba a las siete y media, leía rápidamente algunos periódicos, se daba un baño caliente, desayunaba y se vestía. Entre las ocho y media y las nueve, ya estaba trabajando en el Despacho Oval.

Jackie encontró en el sótano de la Casa Blanca un escritorio viejo que perteneció al presidente Rutherford B. Hayes. Estaba hecho con la madera de un barco que había naufragado en 1854. Lo mandó a trasladar al Despacho Oval. Al presidente Kennedy le encantó y, como recuerdo del hundimiento del *PT-109*, colocó sobre él la cáscara de coco donde había entallado su mensaje pidiendo ayuda. También decoraron la oficina con varias maquetas, a escala, de los barcos de vela más importantes del país. Kennedy bromeaba sobre su trabajo: "Me pagan bien y voy caminando a la oficina"; con la modestia que le caracterizaba, nunca mencionó que donaba todo su salario a obras benéficas.

En 1961, la política todavía se trataba durante encuentros "cara a cara", pero Kennedy se ocupó

de gran parte de sus asuntos de trabajo hablando por teléfono; le gustaba obtener información rápidamente.

Todos los días, hacia el mediodía, nadaba en la piscina de la Casa Blanca y hacía ejercicios para la espalda. Después almorzaba, casi siempre, una hamburguesa que le servían en una bandeja. Luego tomaba una siesta y pasaba una hora con Jackie. Hacia el final de la tarde, ya estaba de regreso en el Despacho Oval y dejaba la puerta abierta para que el personal pudiese entrar y hacerle preguntas. Con frecuencia, atendía setenta personas en un solo día.

Jack tenía que leer y firmar muchos documentos, por lo que, casi todas las noches, traía trabajo a la casa. Otras noches iba a cenas de estado formales y, algunas veces, el matrimonio invitaba a pequeños grupos de amigos a cenar. Después, veían una película en la sala de la Casa Blanca. Los fines de semana, la primera familia volaba a Hyannis Port puesto que a Jack le gustaba navegar y jugar golf allí. En el invierno, los Kennedy se trasladaban a Palm Beach, donde Joe Sr. y Rose tenían una casa. Jack llevaba una vida ocupada, pero productiva y feliz a la vez.

A través de los años, Jack probó muchas formas de aliviar su dolor de espalda. Un doctor le recomendó usar una mecedora, pensando que su movimiento suave lo iba a ayudar. Jack compró un modelo sencillo, fabricado en Carolina del Norte, que le costó treinta dólares. Le pareció tan relajante que ordenó otras más para tenerlas en los distintos lugares a donde iba. La imagen del joven presidente, sentado en su mecedora, se popularizó entre los estadounidenses.

JFK nunca mostró en público la gravedad de su dolor. Cuando necesitaba usar muletas y tenía que dar un discurso o hacer una aparición pública, las ocultaba. Fue un gran promotor del deporte y de la actividad física para los estadounidenses. Expandió el Consejo Presidencial sobre Aptitud Física para motivar a los ciudadanos de todas las edades a llevar una vida saludable y activa.

Como presidente, John Kennedy apoyó con entusiasmo la exploración espacial estadounidense. Prometió que para finales de la década de 1960 un estadounidense habría aterrizado en la Luna; y así fue. El primero en orbitar la Tierra fue John Glenn. Lo logró en 1962 y le tomó cuatro horas y cincuenta y cinco minutos completar tres vueltas alrededor del planeta.

LA EXPLORACIÓN ESPACIAL: EE. UU. CONTRA LA U. R. S. S.

AL POCO TIEMPO DE TERMINAR LA SEGUNDA GUERRA MUNDIAL EN 1945, CIENTÍFICOS DEL GOBIERNO ESTADOUNIDENSE COMENZARON A CREAR NAVES ESPACIALES, NO TRIPULADAS, LANZADAS POR COHETES. LAS ENVIABAN CADA VEZ MÁS ALTO EN EL ESPACIO. HACIA 1955, LOS CIENTÍFICOS CREÍAN QUE YA PRONTO SERÍAN CAPACES DE PONER EN ÓRBITA, ALREDEDOR DE LA TIERRA, UNA NAVE PEQUEÑA LLENA DE INSTRUMENTOS. PERO EN 1957 ESTADOS UNIDOS SE LLEVÓ UNA DESAGRADABLE SORPRESA AL ENTERARSE DE QUE UN SATÉLITE LLAMADO SPUTNIK YA ESTABA ORBITANDO EL PLANETA. LO HABÍA COLOCADO LA UNIÓN SOVIÉTICA, PAÍS RIVAL DE ESTADOS UNIDOS. AHORA, LE TOCABA A ESTE ÚLTIMO PONERSE A SU ALTURA. KENNEDY LOGRÓ QUE EL CONGRESO DESTINARA DINERO AL RECIÉN CREADO PROGRAMA ESPACIAL NASA (ADMINISTRACIÓN NACIONAL DE AERONÁUTICA Y EL ESPACIO). A PESAR DE QUE KENNEDY NO VIVIÓ LO SUFICIENTE PARA VER SU SUEÑO HECHO REALIDAD, LOS PRIMEROS HOMBRES EN PISAR LA LUNA FUERON ESTADOUNIDENSES. ESTA VICTORIA OCURRIÓ EN 1969 Y FUE POSIBLE GRACIAS AL APOYO QUE KENNEDY HABÍA DADO AÑOS ANTES.

ESTADOS UNIDOS

Kennedy pensaba que, por ser la nación más rica del mundo, Estados Unidos debía ayudar a otros países más pobres. Con esto en mente, creó "Alimentos para la Paz" (*Food for Peace*) y envió cargueros repletos de comida a países de África, Asia y América Latina, donde mucha gente no tenía suficiente para comer.

JFK también creó el Cuerpo de Paz (*Peace Corps*). Es un programa para jóvenes que se ofrecen a pasar dos años en un país necesitado, ayudando a construir escuelas, pozos de agua, centros de salud y otros proyectos. Los voluntarios del Cuerpo de Paz también enseñan novedosas técnicas de cultivo a los locales.

Inmediatamente, más de 5,000 interesados presentaron el examen para integrarse al Cuerpo de Paz. A finales de 1963, 7,500 voluntarios se encontraban trabajando en más de cuarenta y cuatro países. En 2002, más de 165,000 estadounidenses habían prestado servicios en el Cuerpo de Paz.

Jack escogió al esposo de su hermana Eunice para que dirigiera el Cuerpo de Paz. También incorporó a otros miembros de su familia al gobierno. Le pidió a su hermano menor, Bobby, que fuese el fiscal general. Bobby había dirigido la campaña

ROBERT y JOHN

presidencial de Jack pero, como fiscal general, ahora sería el jefe del Departamento de Justicia y un miembro del gabinete de su hermano. Su trabajo sería procesar los casos federales.

Aunque a JFK lo criticaron porque Robert Kennedy solo tenía treinta y seis años, él quería en su gabinete a alguien en quien pudiese confiar plenamente. Bobby era la persona adecuada.

El vicepresidente Lyndon Johnson no se llevaba bien con Bobby Kennedy y, con frecuencia, se sentía excluido de las decisiones importantes.

Con sus treinta años de edad, Teddy era el hermano más joven de la familia Kennedy. En 1962, se postuló para ser senador por Massachusetts y ganó. Era el mismo cargo que, en su momento, había ocupado Jack.

Ahora la gente veía a los Kennedy como una dinastía y como la familia más importante del país. Los estadounidenses albergaban sentimientos encontrados respecto a los Kennedy; o los amaban… o los odiaban.

Capítulo 6
Enfrentando los retos

John F. Kennedy solo fue presidente durante tres años. Cometió errores pero también se preocupó por aprender de ellos.

Cuando tomó posesión, existía ya un plan para derrocar a Fidel Castro, el líder del gobierno comunista de Cuba. Finalizada la Segunda Guerra Mundial, Estados Unidos y la Unión Soviética eran las dos superpotencias del mundo. En Estados Unidos había una democracia, y la Unión Soviética era una nación comunista. Ambas poseían armamento nuclear y, aunque nunca combatieron entre sí, la tensión que existía entre los dos países se llegó a conocer como la Guerra Fría.

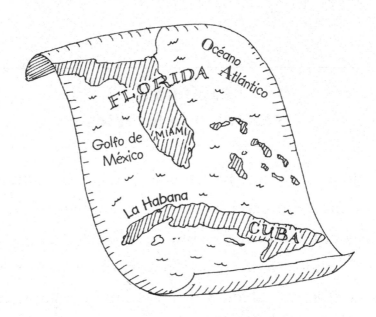

La isla de Cuba se encuentra a solo noventa millas de la costa de Florida. Fidel Castro era un mandatario con mucho poder. El hecho de que un país comunista se encontrase tan cerca de Estados Unidos se percibía como una amenaza a la seguridad nacional.

El presidente Kennedy aprobó el plan de invadir Cuba. Un ejército de exiliados cubanos desembarcó en Bahía de Cochinos, pero la operación resultó un fracaso absoluto. Más de mil hombres fueron capturados y encarcelados en Cuba, y otros fueron asesinados. Cuando se enteró de lo que había ocurrido, John Kennedy pasó toda la noche despierto, caminando de un lado a otro. Como presidente, asumió toda la responsabilidad por el desastroso incidente. Al respecto, dijo: "Toda la vida he sabido mejor que nadie que no debo depender de los expertos. ¿Cómo pude ser tan estúpido al dejarles proceder?". El fiasco de Bahía de Cochinos hizo lucir mal a Estados Unidos ante los ojos del mundo. Otras naciones acusaron al Presidente de estar mal informado y de ser impulsivo.

La crisis más grande en la presidencia de Kennedy comenzó la mañana del 16 de octubre de 1962. Una vez más, tenía que ver con la isla de Cuba. Mientras el Presidente desayunaba, un

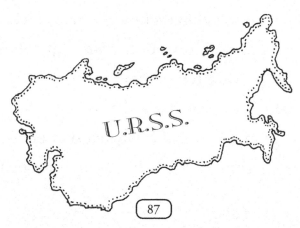

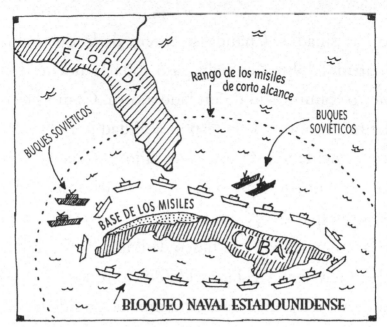

Rango de los misiles de corto alcance

BUQUES SOVIÉTICOS

BUQUES SOVIÉTICOS

BASE DE LOS MISILES

CUBA

FLORIDA

BLOQUEO NAVAL ESTADOUNIDENSE

asesor lo interrumpió para informarle que la Unión Soviética había colocado misiles en Cuba y que estos podían atacar a Estados Unidos.

Algunos asesores querían que el Presidente ordenase bombardear la zona donde se encontraban los misiles; pero esto desataría una guerra entre Estados Unidos y la Unión Soviética. *Había* que eliminar los misiles porque representaban un gran peligro para el país. Pero ¿qué haría JFK al respecto?

John Kennedy no había olvidado el desastre de Bahía de Cochinos. Sabía que tenía que pensar y actuar con mucho cuidado. Si no lo hacía, se podía desencadenar una guerra con bombas nucleares… una guerra que podría destruir el mundo.

JFK decidió bloquear Cuba. Ordenó que ciento ochenta buques estadounidenses zarparan hacia el Caribe. Estos formaron una línea de quinientas millas de largo que no permitía que ningún barco procedente de la Unión Soviética ingresara a Cuba a menos que atacara las embarcaciones estadounidenses.

Cuando los barcos rusos se asomaron por el horizonte, el presidente Kennedy y el resto del país contuvieron la respiración. ¿Que pasaría? ¿Atacarían los rusos a los buques estadounidenses, iniciando así una guerra?

Para alivio de todos, los barcos rusos dieron vuelta y se alejaron de Cuba. El presidente Kennedy pasó los días siguientes dialogando con el líder de la Unión Soviética, Nikita Khruschev,

NIKITA KHRUSHCHEV

89

quien acordó desmantelar los misiles. Ambos mandatarios también pactaron limitar las pruebas de armas nucleares.

Como los hombres que elogió en su libro *Perfiles de coraje*, John F. Kennedy se mantuvo firme y fuerte en un momento de crisis. Su determinación evitó una guerra.

El Presidente y el país también encaraban el problema de los derechos civiles. Casi cien años antes, en 1865, se abolió la esclavitud. Pero la población negra, particularmente la del Sur, no tenía los mismos derechos que la gente blanca. En muchos lugares, no se les permitía mezclarse con los blancos. Tenían que vivir en vecindarios distintos y acudir a colegios e iglesias donde solo iban ellos. Los restaurantes, las tiendas, los hoteles, los salones de belleza y hasta las fuentes para beber agua tenían carteles donde se leía "Solo para blancos". En los autobuses públicos se obligaba a los pasajeros negros a viajar en la parte trasera y tenían que cederles sus asientos a los blancos si no había otros disponibles.

Pero en la década de 1950, la población negra comenzó a protestar, insistiendo en su igualdad de derechos como ciudadanos. En 1962, el estudiante afroamericano James Meredith trató de matricularse en la Universidad de Mississippi, la cual estaba reservada para blancos. El gobernador, Ross Barnett, le negó el derecho. Muchas personas de raza blanca se concentraron en la universidad y le gritaron burlas e insultos a Meredith. Le dijeron que regresara a su casa, pero Meredith insistió en que tenía el derecho constitucional de matricularse. Al día siguiente, el presidente Kennedy llamó a la Guardia Nacional para impedir un disturbio y proteger a James Meredith.

Durante su presidencia, el compromiso de Jack con la causa de los derechos civiles creció cada vez más. En junio de 1963, le dijo al pueblo estadounidense: "Han transcurrido cien años de demora desde que el presidente Lincoln liberó a los esclavos y todavía… sus nietos no son completamente libres. Todavía no se les ha liberado de las cadenas de la injusticia, todavía no se les ha liberado de la opresión social y económica. Y esta nación… nunca será completamente libre hasta que todos sus ciudadanos sean libres".

Apenas días después de haber pronunciado ese discurso, Jack comenzó a redactar un nuevo proyecto de ley sobre los derechos civiles que protegería los derechos de los afroamericanos. Nunca más los hoteles, restaurantes, salas de cine y tiendas podrían impedirles la entrada a los clientes negros. La nueva Ley de Derechos Civiles se promulgó en 1964, poco menos de ocho meses después de la muerte de John F. Kennedy.

Capítulo 7
Un final repentino

La próxima elección presidencial estaba pautada para 1964, y JFK quería gobernar durante un segundo período. A finales de 1963, ya estaba pensando en su campaña electoral y decidió viajar a Texas, el estado natal del vicepresidente Lyndon Johnson. Jack tenía previsto pronunciar discursos a un grupo de hombres de negocios en el Trade Mart de Dallas. Sabía que muchos texanos habían votado por Richard Nixon en las elecciones de 1960 y que estaban molestos por su posición respecto a los derechos civiles. Su viaje a Texas, acompañado por Jackie, sería una forma eficaz de "mejorar las relaciones" con estos votantes y ganar su apoyo.

Mucha gente cercana a JFK estaba preocupada por este viaje dado que las multitudes en Texas podían ser hostiles. Pero ese no fue el caso. El avión presidencial aterrizó al mediodía en el aeropuerto de Dallas, donde una gran cantidad de gente había acudido a vitorear y recibir a JFK y a Jackie. Ella lucía elegante y glamorosa en un traje rosado y con un sombrero que le hacía juego. Kennedy comentó que la multitud no parecía estar en su contra.

Una larga procesión de vehículos, llamada caravana, avanzó a través de la ciudad. El Presidente y su esposa viajaban en el asiento trasero de una limusina donde también se trasladaban el gobernador de Texas y su esposa. El Vicepresidente y su esposa iban en otro carro.

La limusina del Presidente tenía un cobertor plástico que permitía proteger a los pasajeros de

la lluvia y, también, desviar proyectiles. Pero Jack no quiso colocarlo porque hacía un día hermoso, deseaba ver la multitud y que esta lo viese a él.

SR. PRESIDENTE, ¿podría por favor detenerse y darme la mano?

Mientras los Kennedy transitaban por las calles de Dallas, sonreían y saludaban. Una niña pequeña sostenía un cartel en donde se leía: "Sr. Presidente, ¿podría por favor detenerse y darme la mano?". Kennedy ordenó parar la caravana para bajarse a saludar a la niña.

Cuando los vehículos se incorporaron a Main Street, la multitud era aún mucho más grande.

Unas doscientas mil personas se habían congregado para ver a los Kennedy pasar. Al notar que las calles estaban llenas de gente, la esposa del gobernador de Texas, Nellie Connally, comentó: "Señor Presidente, estoy segura de que no podrá decir que la gente de Dallas no lo quiere".

Momentos más tarde, sonaron unos disparos.

Alguien en la limusina gritó: "¡Oh no, no, no!".

Le habían disparado al Presidente.

Jack se desplomó sobre Jackie y el vestido rosado se salpicó de sangre. El vehículo surcó las calles a gran velocidad para llegar al hospital más cercano. Pero ya era tarde.

Los doctores confirmaron la terrible noticia: John Fitzgerald Kennedy había muerto.

En el avión de regreso a Washington D. C., y con Jackie Kennedy parada a su lado, el vicepresidente Lyndon Baines Johnson prestó juramento como el nuevo presidente.

Ya han pasado más de cincuenta años desde ese horrible día en el que asesinaron a JFK en Dallas.

Sin embargo, todos aquellos que vivieron durante esa época recuerdan dónde estaban cuando escucharon la terrible noticia.

Apenas hora y media después, arrestaron a Lee Harvey Oswald por el atentado. Pero dos días más tarde, otro hombre llamado Jack Ruby asesinó a Oswald de un disparo. Ocurrió en la misma estación de policía de Dallas y ¡en vivo durante la transmisión del noticiero de televisión!

Las pruebas del asesinato de Kennedy se recopilaron durante más de un año. Mucha gente pensaba que Oswald no había actuado solo. Testigos en la multitud aseguraron que los disparos que escucharon provinieron de dos direcciones diferentes. Sin embargo, el informe oficial establece que Oswald y solo Oswald fue el responsable del asesinato.

No solo Estados Unidos, sino el planeta entero, se conmocionó. ¿Cómo pudo pasar algo tan inexplicable y a un presidente tan joven y vital? El rostro sonriente de JFK ocupó la primera página de los periódicos de todos los continentes.

El lunes siguiente, se llevó a cabo el funeral del Presidente. Líderes mundiales, incluyendo reyes y reinas, viajaron a Washington D. C. Una carreta tirada por caballos blancos trasladó por las calles el ataúd cubierto con la bandera. También iba un caballo negro sin jinete y con un par de botas en los estribos. Estaban colocadas en dirección contraria para simbolizar a un líder caído.

Con un vestido y velo negros, Jackie Kennedy
permanecía parada con Caroline y John-John.
Mientras pasaba el ataúd, John-John alzó la mano
y le rindió un saludo final a su padre. La imagen
del niño despidiéndose fue captada en una de
las fotografías más famosas de toda la historia.

Los caballos mantuvieron su paso lento, pero no tardaron en llegar al Cementerio Nacional de Arlington. Allí yacen los restos de John Fitzgerald Kennedy, junto a una llama eterna que se encendió al lado de su tumba.

Tal como hizo el legendario Rey Arturo, a quien John F. Kennedy admiraba de niño, el Presidente se esforzó por ser un gobernante justo, valiente y honorable. Inspiró a toda una nación a albergar esperanzas y a soñar con un futuro mejor. Solo fue presidente durante mil días, pero John F. Kennedy todavía ocupa un lugar especial en los corazones de todos los estadounidenses.

JOHN FITZGERALD KENNEDY.

LÍNEA CRONOLÓGICA DE LA VIDA
DE JOHN F. KENNEDY

1917 —Nace en Brookline, Massachusetts. Sus padres son Rose y Joseph Kennedy.

—Se gradúa en la Universidad de Harvard; publican *¿Por qué Inglaterra se durmió?*

1941 —Se alista en la Armada de EE. UU.

1943 —Destruyen el *PT-109*; Kennedy rescata a los tripulantes que sobrevivieron.

1944 —Fallece Joseph P. Kennedy Jr. durante una misión bélica secreta.

1946 —Es elegido para la Cámara de Representantes de EE. UU.

1952 —Es elegido para el Senado de EE. UU.

1953 —Se casa con Jacqueline Bouvier.

1957 —Nace su hija Caroline; gana el Premio Pulitzer por *Perfiles de coraje*.

1960 —Gana la nominación presidencial demócrata; pronuncia el discurso sobre la "Nueva Frontera".

—Es elegido como el trigésimo quinto presidente de EE. UU.; nace su hijo John Fitzgerald Kennedy Jr.

1961 —Funda el Cuerpo de Paz.

1961 —Se reúne con el Primer Ministro soviético Nikita Khrushchev.

1961 —Fracasa la invasión de Bahía de Cochinos.

1962 —Ocurre la crisis de los misiles en Cuba.

1963 —Introduce el proyecto de ley de derechos civiles en el Congreso.

1963 —Lo asesinan en Dallas, Texas.

LÍNEA CRONOLÓGICA DEL MUNDO

Comienza en Europa la Primera Guerra Mundial. — **1914**

Estados Unidos entra en la Primera Guerra Mundial. — **1917**

Estados Unidos ratifica la Decimonovena Enmienda a la
Constitución que le otorga a las mujeres el derecho al voto. — **1920**

La palabra "robot" pasa a formar parte del vocabulario gracias
a la obra teatral *R. U. R.*, de Karel Capek. — **1921**

Kodak lanza al mercado equipos para la producción de
películas caseras. — **1923**

Anita la huerfanita se convierte en una tira cómica. — **1924**

Hay tres millones de aparatos de radio en Estados Unidos. — **1924**

Disney sonoriza sus dibujos animados. — **1928**

Comienza la Gran Depresión en Estados Unidos. — **1929**

Descubren Plutón. — **1930**

Termina la construcción del edificio Empire State. — **1931**

Amelia Earhart se convierte en la primera mujer en hacer un
vuelo solitario sobre el océano Atlántico. — **1932**

Franklin Delano Roosevelt es elegido presidente de Estados
Unidos. — **1932**

Adolfo Hitler se convierte en canciller de Alemania. — **1933**

Crean la hamburguesa con queso. — **1934**

Comienza en Europa la Segunda Guerra Mundial. — **1939**

Inventan el helicóptero moderno. — **1939**

Japón bombardea Pearl Harbor; Estados Unidos entra en la
Segunda Guerra Mundial. — **1941**

Publican el libro *Un árbol crece en Brooklyn*, de la escritora
Betty Smith. — **1943**

LÍNEA CRONOLÓGICA DEL MUNDO – CONTINUACIÓN

1944 —Se inicia la campaña de "El Oso Smokey" para prevenir los incendios forestales.

1945 —Finaliza la Segunda Guerra Mundial.

1947 —Se publica *El Diario de Ana Frank*.

1953 —Se estrena *Peter Pan*, un clásico del cine animado de Disney.

1955 —Rosa Parks, una afroamericana, se niega a ceder su asiento en un autobús de Montgomery, Alabama; nace el movimiento de derechos civiles.

1957 —La Unión Soviética pone en órbita el Sputnik.

1958 —Un concierto de Elvis Presley en Chicago provoca una histeria colectiva entre doce mil fanáticos.

1959 —La muñeca Barbie sale al mercado.

1960 —Domino's reparte su primera pizza.

1961 —Harper Lee gana el Premio Pulitzer con *Matar a un ruiseñor*.

1962 —*Dr. No* marca el inicio de la serie de películas de James Bond.

1963 —Martin Luther King Jr. pronuncia el discurso "Sueño que un día".

Colección ¿Qué fue...? / ¿Qué es...?

El Álamo
La batalla de Gettysburg
El Día D
La Estatua de la Libertad
La expedición de Lewis
y Clark
La Fiebre del Oro
La Gran Depresión

La isla Ellis
La Marcha de Washington
El Motín del Té
Pearl Harbor
Pompeya
El Primer Día de Acción
de Gracias
El Tren Clandestino

Colección ¿Quién fue...? / ¿Quién es...?

Albert Einstein
Alexander Graham Bell
Amelia Earhart
Ana Frank
Benjamín Franklin
Betsy Ross
Fernando de Magallanes
Franklin Roosevelt
Harriet Beecher Stowe
Harriet Tubman
Harry Houdini
John F. Kennedy
Los hermanos Wright
Louis Armstrong

La Madre Teresa
Malala Yousafzai
María Antonieta
Marie Curie
Mark Twain
Nelson Mandela
Paul Revere
El rey Tut
Robert E. Lee
Roberto Clemente
Rosa Parks
Tomás Jefferson
Woodrow Wilson